Barbara Schöning, Nadja Steffen,
Kerstin Röhrs

Hundesprache

KOSMOS

Inhaltsverzeichnis

Wie Hunde kommunizieren

Will man seinen Hund verstehen, muss man lernen seine Körpersprache zu entschlüsseln – was sagt die Körperhaltung, Rutenstellung und die Mimik? Neben den verschiedenen Ausdruckselementen kommen die akustischen Signale (z.B. jaulen, knurren oder bellen) und sein Verhalten hinzu. Über all diese Möglichkeiten kommuniziert der Hund. Kommunikation bedeutet Nachrichtenaustausch und basiert auf einem Sender-Signal-Empfänger-System: Beim direkten Informationsaustausch sendet der Sender ein Signal, also eine Information aus – beispielsweise bellen. Der Empfänger empfängt dieses Signal – er hört das Bellen. Die Kommunikation innerhalb einer Art funktioniert in der Regel reibungslos, weil Sender und Empfänger das gleiche Kommunikationssystem verwenden.

Hund-Hund-Kommunikation

Im Kapitel »Wie Hunde miteinander sprechen« gehen wir auf die Verständigung zwischen Hund und Hund ein und auf die Frage, wie der Mensch das Verhalten interpretieren beziehungsweise verstehen kann.

Verständigung zwischen Hund und Mensch

Ist die Verständigung untereinander noch relativ einfach, wird es zwischen verschiedenen Arten schon schwieriger. Schon seit Jahrtausenden begleitet der Hund den Menschen als Jagd-, Wach- oder Hütehund. Erst in den letzten Jahr-

Kommunikation über die Sinnesorgane: optische, akustische und geruchliche Informationen werden aufgenommen.

hunderten wurde es üblich den Hund als Gesellschaftstier zu halten. So kam er als Begleiter und Familienmitglied in die Haushalte. Ein gegenseitiges Verstehen wird unerlässlich, um für beide Seiten ein friedliches und glückliches Zusammenleben zu ermöglichen.

Doch wenn man außerhalb der eigenen Art kommuniziert, muss man bedenken und berücksichtigen, dass die jeweils andere Art anders geeichte Sinnessysteme hat. Man darf also nicht davon ausgehen, dass der andere genauso denkt wie man selbst und in den gleichen Signalsystemen lebt, denn das würde zu Kommunikationsproblemen führen. Daher ist es wichtig, den anderen verstehen zu lernen. Im Kapitel »Mensch und Hund im Gespräch« gehen wir auf die Kommunikation zwischen Mensch und Hund ein.

Fremdsprachen lernen

Wo zwei Arten eng zusammenleben, kommt es zur artübergreifenden Kommunikation. Hierbei kann es auch passieren, dass ein Partner bestimmte Signale des anderen übernimmt oder nachmacht. Manche Hunde haben beispielsweise gelernt, das »Lächeln« des Menschen als Begrüßungssignal in ihr Verhaltensrepertoire aufzunehmen.
Das ist bemerkenswert, da das »Zähne zeigen« in der Hundesprache als Drohgebärde gilt. Hunde zeigen dieses Lächeln auch nur Menschen und niemals Artgenossen gegenüber.

»Shake hands« bedeutet für beide manchmal etwas anderes.

Erziehung vermitteln

Seitdem der Hund beim Mensch lebt, beschäftigt man sich mit der Erziehung von Hunden. Bestimmte (erwünschte) Verhaltensweisen sollen gezeigt werden, andere (unerwünschte) unterbleiben.
Der Familienhund soll sich auf Kommando setzen, zurückkommen oder auf seinen Platz gehen; er soll aber nicht jagen oder den Besuch vertreiben – auch wenn dieses Verhalten im Rahmen ganz normalen Hundeverhaltens gezeigt wird.
Früher war die Erziehung von Hunden überwiegend durch Anwendung von Strafe geprägt: Unerwünschtes Verhalten wie Ungehorsam oder bestimmte »Unarten« wurden bestraft.
Heute weiß man, dass viele Probleme mit Hunden durch den richtigen Umgang gar nicht erst entstehen.
Im letzen Kapitel gehen wir intensiver auf die Kommunikation in der Erziehung des Hundes ein. Erst durch das Verständnis des Menschen für die hundlichen Signale kann das Training effektiv sein, weil so der Mensch versteht, was sein Hund ihm sagen will.

Wir hoffen, in diesem Buch einige Missverständnisse in der Kommunikation zwischen Menschen und Hunden auszuräumen und durch ein besseres Verständnis für den Partner

Auch das ist eine Form der Kommunikation – selbst wenn der andere Hund die Duftspur vor einer Woche hinterlassen hat.

»Hund« die Grundlage für ein harmonisches Zusammenleben zu schaffen, damit beide, Mensch und Hund, stressfrei zusammenleben können.

Kommunikation über Körpersprache: es lohnt sich, zu kommen.

Aufbau eines Handzeichens als Signal für »Sitz«.

Hunde untereinander

Soziale Annäherung

Zu ihr gehören alle Verhaltensweisen, bei denen der Hund den Abstand zu seinem Gegenüber verringert.
Zur sozialen Annäherung gehören alle zufälligen Begegnungen zwischen Hunden, in deren Verlauf es zu Schnauzenkontakten, Geruchskontrolle oder freundlichem Umeinanderlaufen kommen kann.

Ausdrucksverhalten

Das Ausdrucksverhalten des Hundes lässt sich in verschiedene Kategorien einteilen:

- **soziale Annäherung**
- **Imponieren**
- **offensives und defensives Verhalten**
- **Spielverhalten**

Die einzelnen Kategorien sind anhand bestimmter optischer Signale und Signalsequenzen zu erkennen und im Folgenden aufgeführt.

Intensiver Austausch von geruchlichen Informationen.

Zufällige Hundebegegnungen

Treffen zwei Hunde aufeinander, werden zunächst Informationen »zur eigenen Person« ausgetauscht: man sendet Informationen über sich selber und erhält Informationen von der Gegenseite. Des Weiteren demonstrieren beide, in welcher sozialen Position sie sich zum jeweils anderen sehen. Der Hund, der die Kontaktaufnahme bestimmt und damit zunächst die Situation kontrolliert, sieht sich in einer stärkeren Position. Lässt der andere Hund diese Kontaktaufnahme zu, akzeptiert er zunächst die Position seines Gegenübers. Bei zufälligen Begegnungen werden zunächst keine festen Rangordnungen gebildet. Solche Begegnungen kön-

Zwei Rüden imponieren gegeneinander.

Der Golden Retriever beendet die Interaktion.

nen damit enden, dass beide Hunde nach dem Beschnuppern wieder ihrer Wege gehen oder in eine andere Verhaltenskategorie wie Spiel- oder Drohverhalten überwechseln.

Soziale Annäherung innerhalb fester sozialer Gruppen

Besonders befreundete oder zusammenlebende Tiere zeigen häufig gegenseitiges Fellpflegeverhalten (Allogrooming) oder auch Kontaktliegen. Beim Allogrooming kommt es zum gegenseitigen Belecken und Beknabbern unterschiedlicher Körperteile, z.B. der Ohren oder Augen, oder zu Schnauzenkontakten. Es werden freundliche »Fechtkämpfe« mit den Schnauzen ausgeführt und es wird häufig Schnauzenlecken und Schnauzenstoßen gezeigt. Diese Verhaltensweisen fördern und bestätigen die Bindung der Tiere untereinander. Die momentan herrschende Hierarchie zwischen den beteiligten Tieren wird dabei immer wieder demonstriert und gefestigt. Entscheidend ist dabei, wer wann wen an welchen Stellen berührt und beknabbert. Die Rangordnung innerhalb einer Hundegruppe bildet und festigt sich üblicherweise anhand vieler Sozialkontakte in entspannten Situationen und nicht zwangsläufig anhand von möglichen Auseinandersetzungen in Konfliktsituationen. Dieses gilt auch für Rangordnungen im Zusammenleben zwischen Mensch und Hund.

Unterwerfung

Aktive Unterwerfung

Im Rahmen der Begrüßung freundlich gesonnener oder bekannter Tiere zeigt häufig das rangniedere Tier Gesten der aktiven Unterwerfung gegenüber dem ranghöheren Tier beziehungsweise gegenüber dem Menschen.
Bei dieser Art der Begrüßung werden ebenfalls die bestehende Bindung und die Rangordnung bestätigt und gefestigt. Eine Geste der aktiven Unterwerfung ist zum Beispiel das Maulwinkellecken. Es hat sich aus dem Maulwinkelstoßen der Welpen gegen den Kopf- und Schnauzenbereich der Elterntiere beim Futterbetteln entwickelt. Auch erwachsene Hunde zeigen dieses Verhalten (Stoßen mit der Schnauze gegen den Schnauzenbereich des Gegenübers) häufig gegenüber ranghöheren Sozialpartnern.
Die aktive Unterwerfung kann auch als Reaktion auf Droh- oder Imponierverhalten gezeigt werden, um einen Konflikt zu entschärfen.
Hunde zeigen die aktive Unterwerfung gegenüber dem Menschen, in dem sie zum Beispiel hochspringen oder dessen Hände lecken.

Der Junghund zeigt aktive Demut (Schnauzenlecken) gegen den imponierenden älteren.

Aktive Unterwerfung

Ausdruckselement	Stellung
Maulspalte	zurückziehen der Lippen (engl.: submissive grin)
Schnauze	Maulwinkellecken, Maulwinkelstoßen, beim Mensch wird ersatzweise häufig auch die Hand als Ziel des Stoßens oder Leckens genommen
Augen	schlitzförmig durch glatt ziehen der Stirnhaut
Stirn	glatt gezogen
Ohren	seitlich gedreht, können leicht nach hinten zeigen
Kopfhaltung	flach, in Verlängerung der Rückenlinie
Körperhaltung	geduckt
Rute	gesenktes Wedeln oder eingezogene Rute

Der Junghund drückt sich mit geducktem Körper an den anderen – auch dies bedeutet aktive Demut.

Beeindruckende Erscheinung

Hunde, insbesondere Rüden, zeigen ab der Pubertät gegenüber den ihnen begegnenden Hunden häufig Imponierverhalten. Es wird sowohl zwischen Rüden als auch zwischen Hündinnen gezeigt. Die imponierenden Tiere begegnen sich hoch aufgerichtet und steifbeinig; sie wollen hierdurch ihre Stärke demonstrieren und den anderen Hund beeindrucken.

Rüden und Hündinnen

Rüden imponieren manchmal auch gegen Hündinnen, während dies im umgekehrten Fall eher selten vorkommt. Rüden zeigen Hündinnen gegenüber jedoch auch Imponierverhalten, um attraktiv zu erscheinen.
Bei läufigen Hündinnen wird stärker imponiert, da während dieser Zeit die Wahl eines »starken« Partners besonders wichtig ist. Nur während dieser Zeitspanne kann es zur Verpaarung kommen und im Sinne der Fitnessoptimierung werden dann »starke« Partner durchaus bevorzugt.

Imponierverhalten

Ausdruckselement	Stellung
Maulspalte	Lippen leicht nach hinten gezogen
Schnauze	glatter Nasenrücken
Augen	vom Artgenossen abgewandt
Stirn	glatt, ohne Falten
Ohren	Ohrwurzel wird nach vorn gedreht und gegen den Scheitelpunkt des Schädels hin zusammengezogen. Schlappohren werden seitlich am Kopf hochgezogen (wie ein Satteldach beim Haus)
Kopfhaltung	aufgerichtet
Körperhaltung	so groß wie möglich aufgerichtet, alle Gelenke werden gestreckt, dadurch entsteht ein steifer Gang; Nackenfell kann zusätzlich aufgerichtet werden
Rute	angehoben bis oder über Rückenlinie

Der mittlere Hund imponiert, die anderen beiden nehmen per Geruch weitere Informationen auf.

Der rechte Hund reagiert jetzt mit zunehmender Drohkomponente im eigenen Imponierverhalten.

Imponieren

Imponierverhalten bei gleichgeschlechtlichen Tieren

Bei gleichgeschlechtlichen Tieren soll durch das Imponierverhalten ein Konflikt mit direktem Körperkontakt und somit das Risiko einer Verletzung vermieden werden. Der imponierende Hund versucht, seine ganze Kraft und Größe zur Schau zu stellen, so dass sein Gegenüber von einer körperlichen Auseinandersetzung absieht.

Innerhalb einer etablierten Gruppe imponieren daher überwiegend Hunde mit geringem Rangunterschied. Bei Tieren mit großem Rangunterschied sind die Positionen und die Kräfteverhältnisse geklärt und Konflikte treten mit geringerer Wahrscheinlichkeit auf. Außerhalb einer etablierten Gruppe zeigen viele Hunde nur gegenüber gleich großen bzw. gleich alten oder größeren bzw. älteren Tieren Imponierverhalten. Viele sind sich ihrer Überlegenheit gegenüber kleineren oder jüngeren Tieren bewusst und lassen sich daher nicht von ihnen provozieren, auch wenn diese imponieren. Ein Abwenden des Überlegenen in solch einer Interaktion hat also nichts mit »Schwäche zeigen« zu tun.

Erfüllen die Imponiergesten nicht ihren Zweck, kann der Hund sein Verhalten auch in Drohverhalten ändern.

Hier ist beiden die Mischung mit unsicheren Verhaltenselementen gut anzusehen.

Markieren

Um die optischen Signale zu verstärken, kann es zum Absetzen von Duftmarken und Imponierscharren kommen. Die Tiere setzen unter Umständen mehrmals kleinere Mengen Urin oder sogar Kot ab. Nach dem Urin- oder Kotabsatz

Beim rechten Hund hat die Unsicherheit überwogen und er reagiert aktiv mit Demut ...

... während dieser mit der Urinmarkierung »noch einen draufsetzt«.

scharrt das Tier mit den Hinterbeinen kräftig nach hinten. Auf diese Weise werden geruchliche (durch Schweißdrüsen zwischen den Zehen) und optische Signale (das Scharren an sich, aber auch die Scharrspur) gesetzt.
Die Tiere können auch so genanntes Imponierschieben zeigen. Hierbei drängt der imponierende Hund sein Hinterteil gegen die Vorderbrust des anderen oder schiebt ihn seitlich weg.
Dort, wo Imponiergesten nicht ihren Zweck erfüllen, können Hunde dann auch andere Verhaltenselemente zeigen wie zum Beispiel Drohverhalten.

T-Sequenz und Pfote auflegen

Im Laufe solcher Interaktionen kann es auch zur Ausbildung einer so genannten »T-Sequenz« kommen. Hierbei stehen die Hunde so zueinander, dass sie den Buchstaben »T« darstellen. Der Querbalken des T's wird dabei von dem Tier gebildet, das sich dem anderen in den Weg gestellt hat. Einschränkungen der Bewegungsfreiheit eines Tieres werden meist vom – vermeintlich – Ranghöheren vorgenommen. Das würde beim Beispiel der T-Sequenz bedeuten, dass derjenige, der den Querbalken bildet, momentan eine höhere Position einnimmt bzw. meint, dass er diese hat und über diese Aktion quasi »abfragt«, ob das vom anderen auch so gesehen wird. Diese Position hat er also nur so lange, wie der andere Hund dies zulässt. Auch hier ist im Verlauf der Interaktion ein Wechsel der Positionen möglich.
Weitere mögliche Imponiergesten von Hunde wären z.B. das »Pfoteauflegen« (der Hund legt seine Pfote oder Kopf auf die Schulter oder den Rücken des Gegenübers), oder das »Imponiertragen« (dabei werden vor dem Gegenüber Gegenstände demonstrativ herumgetragen, diesem aber nicht gegeben).

Der linke Hund ist dem rechten »quer vor die Nase« gelaufen und hat aktiv die T-Stellung gestartet.

Offensives und defensives Verhalten

Der Begriff »Agonistisches Verhalten« ist eine Bezeichnung für alle Verhaltensweisen gegenüber Artgenossen, die das eigene Verhalten störend beeinflussen. Agonistisches Verhalten besteht aus offensiven und defensiven Elementen. Mit dem agonistischen Verhalten kann der Hund Störungen und Konflikte beseitigen und notwendige räumlich-zeitliche Distanzierungen aufrechterhalten.

»Gib mir dein Spielzeug«

Stellen Sie sich einen Hund vor, der dasselbe Spielzeug haben möchte, mit dem sich ein anderer Hund zurzeit gerade beschäftigt. Es könnte sich die Situation ergeben, dass der erste Hund (der ohne Spielzeug) sich mit Drohverhalten vor den Hund mit dem Spielzeug stellt. Der bedrohte Hund fühlt sich gestört und belästigt, er sieht seinen Besitz in Gefahr und strebt nun nach einem möglichst großen Abstand zwischen sich und dem drohenden Hund, denn hierbei ist die Gefahr am geringsten, dass er sein Spielzeug abgeben muss. Dieses Ziel (großer Abstand) kann er erreichen, indem er sich selber zurückzieht (defensive Verhaltensweise) oder den anderen dazu bewegt sich zurückzuziehen (offensive Verhaltensweise). Der eigene Rückzug wäre dann Meideverhalten oder Fluchtverhalten, je nach Intensität des Rückzuges. Durch eigenes Drohverhalten oder Angriffsverhalten könnte er versuchen, den potenziellen Spielzeugräuber zum Rückzug zu bewegen.

Aus einer Imponierinteraktion heraus wird Unsicherheit gezeigt. Der rechte Hund droht und der weiße weicht aus.

Offensives Verhalten

»Offensives Verhalten« steht für Angriffsverhalten. Hiermit sind alle Verhaltensweisen gemeint, die gehemmt oder ungehemmt auf eine minimale bis endgültige Beschädigung des Gegners abzielen. Dabei sind die Übergänge zwischen reinem Drohen und der offensiven Attacke fließend; es ist schwer zu definieren, ab wann ein gehemmter Angriff letztendlich kein reines Drohverhalten mehr darstellt. Offensive Verhaltensweisen können von Tieren gezeigt werden, die sich in oder bei einem bestimmten Verhalten gestört fühlen und mit Stress darauf reagieren, oder die sich in einer bestimmten Situation so bedrängt fühlen, dass sie angreifen.

Auch offensive Verhaltensweisen gehören zum Normalverhalten bei Hunden, denn es kann für jeden Hund überlebensnotwendig sein, in bestimmten Situationen zu beißen – zumindest wenn es darum geht, ernsthaft die eigene Haut zu verteidigen.

Hochkampfsituation als Teil eines rituellen Kampfes.

Wichtige Ressourcen

Die Ursachen offensiven Verhaltens können sehr vielseitig sein und von unterschiedlichen Faktoren beeinflusst werden. Häufig wird es in Konkurrenzsituationen um lebensnotwendige Dinge des Lebens (Ressourcen) gezeigt. Für den Hund wichtige Ressourcen sind:
Nahrung, Territorium, Sozialpartner, Fortpflanzungspartner, Rangposition und letztendlich auch die eigene körperliche Unversehrtheit.

Aggressive Kommunikation

Vor dem eigentlichen Angriff gezeigtes Drohverhalten im Rahmen der aggressiven Kommunikation bietet dem Gegenüber die Möglichkeit, sein eigenes Verhalten noch einmal zu überdenken und damit einer körperlichen Auseinandersetzung aus dem Wege zu gehen. Drohverhalten senkt also das Verletzungsrisiko zwischen Lebewesen! Drohverhalten ist aber keine Einbahnstraße im Sinne von »wer nicht sofort zügig beißt, ist immer der Verlierer«. Es besteht die Möglichkeit, dass nach einem Drohen tatsächlich auch ein Angriff erfolgt. Ändert der Gegner sein Verhalten, welches den Hund zum Drohen veranlasste, nicht, könnte es zu einer körperlichen Auseinandersetzung kommen. Aber es besteht in der Regel zu jeder Zeit solch eines Konfliktes die Möglichkeit der Beendigung, wenn einer der Kontrahenten sein Verhalten ändert. Dies könnte z.B. bedeuten, dass er submissive Gesten zeigt, sich zurückzieht oder flieht. Üblicherweise werden von Lebewesen dann Verhaltensänderungen vorgenommen, wenn das ursprünglich gezeigte Verhalten nicht den gewünschten Erfolg bringt – dies ist auch beim Hund nicht anders.

Vom Menschen gewünschtes aggressives Verhalten.

Konfliktsituationen

Es gibt verschiedene Faktoren, die auf die Entwicklung und den Ablauf einer aggressiven bzw. agonistischen Interaktion Einfluss nehmen. Einige Faktoren betreffen das Tier selbst: z.B. sein Alter, sein Geschlecht, sein hormoneller Status oder sein momentaner Gesundheitszustand. Natürlich hat auch die genetische Veranlagung einen Einfluss. Dies allerdings bei weitem nicht in dem Ausmaß, wie uns manche Befürworter von Rassenlisten in den so genannten »Kampfhundeverordnungen« glauben machen wollen.

Eine wichtige Rolle im Hinblick auf Entwicklung und Ablauf aggressiver Interaktionen spielt die individuelle Entwicklung der Hunde, z.B. ihre Sozialisation sowie Lernerfahrungen, die sie aus früheren ähnlich verlaufenen Situationen gewonnen haben. Aber auch die jeweilige Situation nimmt Einfluss, z.B. durch das Vorhandensein von Fluchtwegen. Und schließlich spielt auch die soziale Kompetenz des Gegenübers sowie die Beziehung der Gegner zueinander, z.B. ihre Bindung oder ihre Rangverhältnisse bei der Entstehung und Entwicklung von Konfliktsituationen eine entscheidende Rolle.

Ein drohender Blick: wer ihn wahrnimmt, kann so manchem offensiven Konflikt aus dem Weg gehen.

Der Schwarze hat verstanden und geht.

Der fixierende Hund (rechts) droht, obwohl er unsicher ist. Der Terrier versteht und beginnt sich zu unterwerfen.

Defensive Verhaltensweisen

Sich defensiv zu verhalten bedeutet, sich zu verteidigen oder eine Gefahr abzuwehren. In der Ethologie gehört hierzu zum einen das Beißen aus der Defensiven, ebenso wie alle Verhaltensweisen, die anderweitig nützlich sind, um Schaden für einen selber abzuwenden: z.B. Fluchtverhalten oder Meideverhalten sowie entsprechende Gesten der Unterwerfung.

Defensive Verhaltensweisen werden in der Regel nur als Reaktionen auf eine situative Bedrohung gezeigt, während offensives Verhalten auch in Situationen gezeigt werden kann, wo keine, oder zunächst nicht unbedingt für einen Beobachter sofort erkennbar, direkte Bedrohung vorhanden sein muss. Allerdings ist es gerade im Bereich des Konfliktes um Ressourcen nicht immer einfach erkennbar, ob ein beobachtetes Zubeißen nun aus der Defensiven oder Offensiven erfolgte.

Konfliktlösung durch Drohen

Drohverhalten findet häufig im Rahmen von Rangordnungsstreitigkeiten oder Rivalitäten um andere Ressourcen statt. Die meisten Unstimmigkeiten zwischen Hunden können auf der Ebene des Zeigens von Droh- und Submissionsverhalten geklärt werden. Der Ausgang solch eines Konfliktes ist dabei immer abhängig vom Verhalten beider Kontrahenten. Allerdings erfolgt der Übergang zum Angriff eher selten.

Das Drohverhalten über optische Signale kann durch akustische Signale, z.B. Knurren und/oder Bellen, unterstützt werden.

Je sicherer ein Hund droht, desto weniger offensichtlich sind seine Drohsignale meist für den Menschen. Hierbei werden wenig bis keine akustischen Signale eingesetzt. Ein gut sozialisierter Hund nimmt diese Warnungen allerdings deutlich beim Gegenüber wahr. Auch die Zähne werden, wenn überhaupt, beim sicheren Drohen nur wenig gebleckt. Da der Mensch, von seiner Sprache her, eher gewohnt ist, auf akustische Signale zu achten, übersieht er diese Signale häufig. Daher ist es wichtig sich zu merken, dass die früheste Stufe des Drohens das Fixieren ist. Dabei ist der Hund meist angespannt und schaut sein Gegenüber starr an. Bringt dieses Verhalten nicht den gewünschten Erfolg, ist es möglich, dass der Hund sein Drohverhalten steigert bis hin zum Schnappen. Vom Menschen wird es meist als Schnappen ohne Vorwarnung empfunden, wenn er diese feinen Signale nicht wahrnimmt.

Der schwarze Junghund ist dem gelben trotz Zeigen aktiver Demut zu aufdringlich, er zeigt dezentes, sicheres Drohen.

Dem Gelben hat sein Drohen (momentan) nichts genützt, der Junghund zeigt noch deutlicher aktive Demut.

Sicheres Drohen

Ausdruckselement	Stellung
Maulspalte	rund und kurz beim sicheren Drohen; die Maulspalte wird länger und spitzer je unsicherer ein Hund sich während des Drohens fühlt
Schnauze	dezentes Heben der Lefzen, dabei können die vorderen Zähne sichtbar werden; je unsicherer ein Hund ist, desto mehr Zähne werden gezeigt der Nasenrücken wird gekräuselt
Augen	auf das Gegenüber gerichtet (fixieren)
Stirn	mehr oder weniger in Falten gelegt
Ohren	auf das Gegenüber gerichtet
Kopfhaltung	erhoben
Körperhaltung	angespannt und aufgerichtet, das Nackenfell kann zusätzlich aufgerichtet werden
Rute	hoch und angespannt über der Rückenlinie

Abwehrdrohen

Hunde zeigen Abwehrdrohen als Reaktion auf Drohverhalten oder eventuell schon Imponierverhalten des Gegenübers. Häufig wird es gezeigt, wenn ein Rückzug oder Meideverhalten nicht oder nicht mehr möglich ist. Dabei nimmt der Hund den Kopf zurück, legt die Ohren an und zeigt die Zähne bei weit zurückgezogenen Lippen. Zur Verstärkung der optischen Signale können auch hier zusätzlich akustische Signale wie Bellen, Knurren ein Knurrbellen gezeigt werden. Manchmal kommt es auch zum Luftschnappen.
Der Abwehrende orientiert sich dabei zwar in Richtung des Gegners, stoppt seine Bewegung jedoch deutlich vor diesem ab und schnappt in die Luft.
Das Abwehrdrohen kann bei Nichtbeachtung durch den Gegner auch in Abwehrschnappen übergehen. Genauso ist ein Wechsel zum Angriff möglich.

Abwehrdrohen beim Spiel: Der Schäferhund fühlt sich bedrängt und zeigt eine spitze Maulspalte und viele Zähne.

Das Abwehrdrohen wird deutlicher: Der Schäferhund legt die Ohren ganz an und zeigt noch mehr Zähne.

Das Abwehrdrohen wird geringer: Der Schäferhund zeigt kaum noch Zähne.

Die Dogge spielt vorsichtiger, der Schäferhund fühlt sich nicht mehr bedrängt.

Abwehrdrohen

Ausdruckselement	Stellung
Maulspalte	lang und spitz
Schnauze	stark gekräuselter Nasenrücken durch Hochziehen der Lefzen, dabei werden sämtliche Zähne gezeigt, zum Teil Aufreißen des Maules (volles Zähneblecken)
Augen	Blickkontakt wird vermieden
Stirn	glatt, ohne Falten
Ohren	weit zurück gelegt, zum Teil berühren sie sich hinter dem Kopf
Kopfhaltung	weit zurück; der Kopf wird zwischen die Schulterblätter gezogen
Körperhaltung	zusammengekauert
Rute	gesenkt bis unter den Körper

Man unterscheidet zwischen gehemmtem und ungehemmtem Angriff:

Gehemmter Angriff

Beim gehemmten Angriff werden die Waffen des Hundes, die Zähne, nicht oder zumindest stark kontrolliert eingesetzt. In der Regel kommt es hierbei nicht zur Verletzung der gegnerischen Haut. Beim gehemmten Angriff kann es zum Vorspringen des Hundes und Stoßen mit geschlossener Schnauze kommen. Auch Anrempeln oder Niederdrücken des Gegners durch das eigene Körpergewicht wird im Rahmen eines gehemmten Angriffes gezeigt.
Der geöffnete Fang des angreifenden Hundes wird zum Teil auch beim gehemmten Angriff eingesetzt, jedoch beißt der Hund hierbei nicht zu, sondern umfasst z.B. nur den Fang des Gegners oder er drückt ihn mit geöffnetem Fang runter.

Ungehemmter Angriff

Beim ungehemmten Angriff setzt der Angreifer seine Zähne ein. Dies heißt aber nicht, dass es zwangsläufig zu ernsten Verletzungen oder zum Tod des Gegners kommt. Im Verlauf eines Kampfes ist es möglich, dass der Überlegene seinen Griff lockert oder sogar den Gegner loslässt. Allerdings ist es möglich, dass er danach noch eine Weile über oder neben dem Unterlegenen stehen bleibt und erwartet, dass dieser sich nicht bewegt. Verhält sich der Unterlegene nicht entsprechend, ist ein erneuter Angriff nicht ungewöhnlich. Während eines ungehemmten Angriffes kann es zum Beißen, zum Beißen und Festhalten oder zum Festhalten und Schütteln des Gegners kommen.

Ernstkampf

Ziel eines Ernstkampfes ist es in der Regel, einen Kontrahenten dauerhaft aus dem Weg zu räumen und nicht die Rangverhältnisse zweier Tiere festzulegen. Dafür gibt es nur zwei Möglichkeiten: Der Gegner flieht und kehrt nicht mehr zurück oder er wird getötet. Ist eine Flucht aufgrund räumlicher Gegebenheiten (Gehege, Hunde im gemeinsamen Haushalt) nicht möglich, kommt leider nur die zweite Möglichkeit in Betracht. Befinden sich zwei Tiere in einer Ernstkampfsituation führt das reine Zeigen von Submissionsgesten durch ein Tier nicht zu einer Beendigung des Kampfes.

Eine Auseinandersetzung mit noch unklarem Ausgang: Der gelbe Hund steht drohend über dem schwarzen Hund. Der Schwarze hat sich nicht unterworfen. Er droht ebenfalls aus der liegenden Position.

Beschwichtigen

Ein Hund zeigt Beschwichtigungsverhalten, um das aggressive Verhalten seines Gegenübers zu besänftigen und umzulenken. Beschwichtigungsverhalten wird auch bei Hunden gezeigt, die sich allein durch die Anwesenheit eines anderen Hundes bedroht fühlen, ohne dass dieser tatsächlich droht. Das Gegenüber soll über das Beschwichtigungsverhalten zu einem Verhalten animiert werden, welches nicht mit seinem vorherigen, z.B. aggressiven Verhalten, vereinbar ist. Daher beinhalten Beschwichtigungsgesten viele Elemente des Spielverhaltens, wie z.B. auffordernde Spielbewegungen (Hin- und Herhüpfen, im Kreis laufen, plötzliches Losrennen sowie Vorderkörpertiefstellung, etc.). Weitere Beschwichtigungsgesten sind das Maulwinkellecken oder Maulwinkelstoßen. Manche Hunde zeigen auch das so genannte Pföteln: dabei hebt der Hund zur Beschwichtigung des Gegenübers eine Vorderpfote in dessen Richtung.

Passive Demut

Die passive Demut kann als Reaktion auf Droh- oder Imponierverhalten sowie auf einen Angriff hin gezeigt werden.

Pfoteheben als Beschwichtigung. Das Nackenfell des Gelben zeigt seine Unsicherheit.

Ein Tier, das passive Demut zeigt, berührt sein Gegenüber nicht. Trotz des Begriffes »passive Demut« ist das Zeigen von solchen Demutsgesten an sich ein aktiver Vorgang! Dies bedeutet auch, dass der sich Unterwerfende die Demutsgesten von sich aus zeigt. Er wurde z.B. nicht vom Überlegenen auf den Rücken geworfen, sondern hat sich nach eigener Einschätzung der Situation selber hingelegt. Was bei der Ohrhaltung im Zustand der Demut eigentlich noch klar ist (jeder versteht, dass der Unterlegene seine

Die Beschwichtigung hat Erfolg.

Ein für beide Seiten entspanntes Spiel folgt.

Ohren selber anlegt), hat gerade beim Verhaltenselement »auf dem Rücken liegen« für viele Fehlinterpretationen durch Menschen gesorgt.
Im Rahmen einer Auseinandersetzung zwischen Hunden kann es allerdings auch passieren, dass ein Hund unten liegt und der andere darüber – doch der Untere muss nicht gleichzeitig derjenige sein, der sich unterwerfen will (dies passiert z.B. häufig bei Konfliktpartnern aus unterschiedlich großen Rassen). Der unten liegende Partner kann aus seiner Position immer noch drohen (zum Beispiel Knurren) oder einfach nur nicht stillliegen. Damit geht die Auseinandersetzung weiter und der oben stehende oder liegende Partner darf nach unten reagieren (zum Beispiel Beißen), ohne dass er »verhaltensgestört« ist. Für den oben liegenden Partner ist die Auseinandersetzung erst beendet, wenn der unten liegende Hund Demutsgesten zeigt, indem er sich zum Beispiel nicht bewegt, den Blick abwendet und die Ohren anlegt.

Demutsgesten

Zusätzlich zu den optischen Signalen kann bei der passiven Demut auch Harn abgesetzt werden. Dies wird besonders oft bei jungen Tieren beobachtet. Zur Verstärkung kann weiterhin auch Winseln auftreten.
Die Intensität der Demutsgesten, die der Unterlegene beziehungsweise Beschwichtigende zeigt, ist abhängig vom Sender der Drohsignale. Für einen Hund ist es ausreichend, dass der Unterlegene einfach nur den Kopf oder den Blick abwendet; ein anderer Hund erwartet unter Umständen ein deutliches Abwenden oder sich Kleinmachen.
Bei ungefähr gleich alten und gleich großen sich imponierend umkreisenden Rüden kann man Demutsgesten nur schwer erkennen. Einer legt kurz die Ohren an und senkt die Rute um wenige Millimeter, dann darf er gehen.
Unterwerfungsgesten haben den Sinn, eine mögliche Aggression des Gegenübers zu hemmen. Erfüllen die Unterwerfungsgesten nicht ihren Zweck, kann der Hund versuchen zu fliehen oder auch Droh- oder Angriffsverhalten zeigen.

Passive Demut

Ausdruckselement	Stellung
Maulspalte	zurückziehen der Lippen (lange Maulspalte)
Schnauze	glatter Nasenrücken
Augen	schlitzförmig durch glatt ziehen der Stirnhaut, Blick abgewandt
Stirn	glatt gezogen
Ohren	je nach Intensität leicht zurückgedreht bis flach hinten am Kopf anliegend, zum Teil bis sich die Ohrspitzen berühren
Kopfhaltung	abgewandt, gesenkt
Körperhaltung	von gesenkt oder geduckt bis hin zum Hinsetzen oder auch Auf-den-Rücken-drehen
Rute	gesenkte bis hin zur eingezogenen Rute

Der Schwarze imponiert deutlich.

Dem Kleinen wird es unheimlich, er legt sich hin und zeigt somit seine Unterlegenheit.

Der Unterlegene muss auch eine eingehende Untersuchung über sich ergehen lassen.

»Lass uns spielen«

Gesellige Tiere wie Hunde spielen gern und viel. Im Spiel wird die Beziehung der Tiere zueinander sowie ihr gegenseitiges Vertrauen gefördert. Die Rangordnung der Tiere wird über gemeinsames Spiel gefestigt. Denn ranghohe Tiere verfügen über Privilegien. Ein Privileg ist es, über den Zeitpunkt und das Ausmaß von Sozialkontakten zu bestimmen. Daher ist es bei erwachsenen Tieren häufig so, dass der Ranghöhere ein Spiel ermöglicht. Zum einen dadurch, dass er entweder das Spiel einleitet oder dass er auf die Spielaufforderung des anderen eingeht. Eine Untersuchung in diesem Bereich belegt, dass es Auswirkungen auf die Rangordnung hat, wer ein Spiel beginnt, aber nicht wer Gewinner ist (bei Spielen mit Objekten). Es wurde festgestellt, dass in der Regel der Initiator eines Spieles eine ranghöhere Position hatte, als der, der zum Spiel aufgefordert wurde. Beendet wurde das Spiel sowohl vom Ranghöheren als auch vom Rangniederen.

Allerdings ist zu bemerken, dass ranghohe Tiere seltener die Initiative zum Spiel ergreifen oder aber mit Partnern mit ebenfalls hohem Sozialstatus spielen. Fordern ranghohe Tiere deutlich im Rang unten stehende Tiere auf, sind diese zum Teil so verunsichert, dass sie nicht auf die Spielaufforderung eingehen.

Ein gemeinsames Ballspiel muss nicht im Konflikt enden.

Hunde können alleine spielen oder mit Partnern, dabei wird mit oder auch ohne weitere Objekte gespielt. Es gibt einige typische Körperstellungen des Spieles, ansonsten können Elemente aus dem gesamten Ausdrucksrepertoire zum Einsatz kommen. Jedoch werden einzelne Elemente stark akzentuiert oder Elemente aus unterschiedlichen Bereichen zu einer Sequenz zusammengefasst, sodass als Gesamteindruck das Spiel erkennbar ist.

Der Schwarze versucht, den Ball zu klauen.

Er hat es geschafft und wird spielerisch verfolgt.

Bedeutung des Spiels

Spielen fördert das Erlernen des Umganges mit Artgenossen oder anderen Sozialpartnern.

▶ Im Spiel werden wichtige Elemente der Kommunikation trainiert, z.B. Dominanz- und Demutsgesten, Aggressionsverhalten und Deeskalationsgesten sowie die Beißhemmung.

▶ Im Spiel werden auch körperliche Fähigkeiten erlangt und erhalten. Muskeln sowie Ausdauer werden trainiert. Jagdsequenzen werden eingeübt. Reaktionsschnelligkeit und Koordinationsfähigkeit werden verbessert, ebenso wie die Konzentrationsfähigkeit.

Wohl dosierter Zahneinsatz

Die Beißhemmung ist eine erlernte und keine angeborene Fähigkeit. Die ersten Erfahrungen im Sozialkontakt machen die Welpen mit ihren Wurfgeschwistern. Im Alter von 4–5 Wochen tritt erstmals bei den Welpen aggressives Verhalten auf. Dies hat erst einmal keine bestimmte Ursache, sondern wird allein durch den Anblick der Geschwister ausgelöst. Die Welpen machen nun ziemlich schnell die Erfahrung, dass, wenn sie jemanden beißen, ihnen selbst Schmerzen entstehen. Nämlich dadurch, dass der Gebissene nun wiederum seine Zähne in den Pelz des Angreifers gräbt. Setzt ein Welpe im Spiel seine Zähne zu kräftig ein, macht er auch bei einem Spielpartner, der aufquiekt und sich zurückzieht, eine wichtige Erfahrung. Das Spiel endet immer dann, wenn sich seine Zähne mit einem gewissen Druck in den Pelz des anderen graben. Da er aber in der Regel gerne weiterspielt, wird er dafür sorgen, dass keine Unterbrechungen auftreten und daher vorsichtiger zubeißen. Aggressives Verhalten während des Spiels ermöglicht den Welpen das Erlernen des korrekt dosierten Einsatzes der Zähne. Es ist wichtig, dass der Welpe diese Erfahrungen mit möglichst vielen Sozialpartnern macht, da nicht alle gleich dick behaart sind und bei einigen schon relativ früh die Schmerzgrenze erreicht ist. Jeder neue Welpenbesitzer macht diese Erfahrung, bis sein Welpe gelernt hat, dass der Mensch empfindlicher reagiert als seine Geschwister.

Spiel ist eine schöne Art zu lernen. Bei Welpen wird hierbei immer auch die Beißhemmung geübt.

Der stolze Besitzer bemerkt die interessierten Blicke des Gelben und bewacht seinen Ball.

Der Gelbe hatte sowieso etwas ganz anderes vor. Oder nicht? Schnuppern als Übersprungshandlung.

Übersprungshandlungen

Typische Übersprungshandlungen sind

- gähnen,
- sich kratzen,
- sich strecken,
- intensiv an einer Stelle schnuppern oder kratzen.

Sie werden häufig in Konfliktsituationen gezeigt. Sie helfen zwar nicht den Konflikt zu lösen, dienen aber dem eigenen Stressabbau. Sie sind daher kein bewusst eingesetztes Signal für das Gegenüber. Übersprungshandlungen sind allerdings vielfach im Verlauf einer Kommunikation zwischen zwei Hunden zu beobachten.

Stress

Anzeichen von Stress können Hecheln, verstärktes Hecheln oder über die Nase lecken sein. Man sollte dabei die Umgebungstemperatur berücksichtigen, um zu beurteilen, ob ein Hund aus Stress hechelt. Hechelt ein Hund beim Weihnachtseinkauf in der Innenstadt bei Minus 10 Grad, ist sicherlich nicht die Temperatur daran schuld, sondern der Trubel, der dem Hund Stress bereitet.

Auf dem Weg zum Verständnis

In diesem Teil soll nun auf die Kommunikation zwischen Hunden und Menschen eingegangen werden.
Die Grundlagen der Kommunikation sind die gleichen, wie zwischen Hunden: Auch hier besteht das System aus Sender, Empfänger und Signal, welches die Information trägt. Damit die Kommunikation im Sinne des Senders und des Empfängers erfolgreich ist, müssen sich beide vorher über den Informationsgehalt der Signale verständigen. Wenn das nicht passiert, kann es zu Missverständnissen kommen.

Signale empfangen

Ob in einer bestimmten Situation die Kommunikation für eine oder beide Seiten effektiv ist, oder ob man »aneinander vorbeiredet«, spielt keine Rolle: Kommunikation findet auf jeden Fall statt, solange ein Empfänger irgendein Signal eines Senders aufnimmt. Solange ein Lebewesen lebt, zeigt es auch ein Verhalten gegenüber seiner Umwelt – auch »Schlafen« ist ein Verhalten oder das Ignorieren. Wenn ein anderes Lebewesen dieses Verhalten empfängt und dadurch in seinem eigenen Verhalten beeinflusst wird, findet Kommunikation statt.

Manchmal haben Mensch und Hund unterschiedliche Interessen.

Verschiedene Aussagen

Ein Mensch steht im Park und fuchtelt mit den Händen in der Luft. Für einen Hund kann dieses optische Signal ganz unterschiedliche Bedeutungen haben: »Hallo, hier bin ich, komm zu mir« oder auch »Komme nicht näher, ich habe Angst vor dir«. Obwohl der Mensch ein deutliches Signal sendet, ist für den Hund nicht von vornherein klar, welche Information damit verbunden ist. Eine für beide Seiten

Ein nettes Wort bringt Aufmerksamkeit.

effektive Kommunikation setzt aber voraus, dass beide Kommunikationspartner mit einem bestimmten Signal den gleichen Informationsgehalt verbinden.

Missverständnisse

Ein Ausgangspunkt für Probleme in der Kommunikation zwischen Mensch und Hund sind die unterschiedlichen Ansprüche und Zielsetzungen. Häufig haben Verhaltensprobleme ihren Ursprung in Kommunikationsproblemen, das heißt sie entstehen häufig aus Missverständnissen.

Sozialpartner

Hunde sehen Menschen als Sozialpartner. Das bedeutet, dass der Hund mit uns kommuniziert, um das soziale Zusammenleben zu regeln. Es geht für ihn dabei um Kooperation und Kompetition – wie in der Kommunikation unter Hunden auch. Hunde wollen wissen, welchen Platz sie in der Hierarchie einer Gruppe einnehmen, wer wann welche Rechte und welche Pflichten hat. Dazu gehört auch der gegenseitige Kontakt wie Schmusen, Spielen oder einfach nur beieinandersitzen.

Wenn Menschen mit Hunden kommunizieren, haben sie diesen direkten Aspekt des sozialen Zusammenlebens eher selten im Kopf. Menschen denken in anderen Maßstäben als Hunde und das kann Probleme schaffen. Wenn Menschen zielgerichtet und absichtsvoll mit Hunden kommunizieren, tun sie dies meist, um den Hund zu erziehen, um irgendein Verhalten auf Signal zu trainieren, oder Verhalten allgemein zu verändern. Die Komponente des sozialen Zusammenlebens wird dabei vom Menschen oft nicht direkt bedacht und auch nicht die Tatsache, dass Training immer eine Form von Sozialkontakt darstellt.

Signalübertragung

Ein weiterer Ausgangspunkt für Probleme in der Kommunikation zwischen Mensch und Hund sind die unterschiedlichen Schwerpunkte bei der Form der Signalübertragung. Wir Menschen kommunizieren überwiegend über die Sprache, senden dabei aber immer – meist unbewusst – Signale über unsere Körpersprache aus. Der Hund kommuniziert auch über Lautäußerungen, aber er »unterhält sich« hauptsächlich über Signale der Körpersprache. Diese unterschiedlichen Schwerpunkte bei der Signalübertragung können zu Kommunikationsproblemen zwischen Menschen und Hunden führen.

Körpersprache vor Stimme

Ein Hund, der freundlich von einem sich über ihn beugenden Menschen angesprochen wird, kann sich dennoch fürchten, weil er »schwerpunktmäßig« auf die für ihn bedrohliche Körpersprache des Menschen reagiert. Der Mensch hat also unbewusst Signale ausgesendet, die beim Empfänger (Hund) eine ganz andere Reaktion auslösen, als vom Menschen erwartet.

Obwohl der Hund freundlich angesprochen wird, reagiert er unsicher – die erhobene Hand stellt in „Hundesprache" eine Bedrohung dar.

Wird die Hand unten gehalten, entspannt sich der Hund.

Training ist eine Form von Sozialkontakt...

... und kann beiden Spaß machen.

Aber auch, wenn beide »Gesprächspartner« auf entsprechende Weise miteinander kommunizieren (Sprechen/Hören oder Zeigen/Sehen), kann es zu Missverständnissen kommen. Ein Mensch, der seinem Hund den Befehl »Sitz« gibt, wird von seinem Hund vielleicht gehört, aber ob der Hund weiß, was das zischende Geräusch aus Herrchens oder Frauchens Mund in diesem Moment bedeutet, hängt von vielen Faktoren ab.

Ein ängstlicher Hund sieht natürlich die sich ihm nähernde Hand, mit der ein Mensch ihn streicheln und beruhigen will, kann sich dadurch jedoch sehr bedroht fühlen und noch ängstlicher werden.
Im Folgenden soll erklärt werden, warum Hunde bestimmte Verhaltensweisen zeigen und wie Menschen bestimmte, erwünschte oder nicht erwünschte Verhaltensweisen bewusst oder unbewusst fördern können.

Begrüßungsrituale

Die Begrüßung ist ein schönes Beispiel dafür, wie Hunde und Menschen »aneinander vorbeireden«. Stellen wir uns eine typische Begrüßungssituation vor: Ein Hundebesitzer kommt nach einem Theaterbesuch nach Hause. Er wird von seinem Hund überschwänglich begrüßt und dabei angesprungen. Da er seine Kleidung vor Hundehaaren und anderen Beschädigungen schützen will, wehrt er den Hund ab. Der Hund reagiert darauf mit noch heftigerem Anspringen – und wird von seinem Besitzer durch Schimpfen zurechtgewiesen. Für beide Seiten ist die Begrüßung nun ein eher unerfreuliches Erlebnis gewesen.

In unserem Beispiel versucht der Hund »hundgerechte« Begrüßung zu zeigen: Hochspringen, um an die Schnauze und den Maulwinkel zu gelangen, um diese Stellen zu belecken. Er will damit das zurückkehrende »Rudelmitglied« freundlich stimmen und signalisiert damit parallel, dass er dessen Überlegenheit anerkennt. Sein Besitzer reagiert jedoch unfreundlich, er lässt die Versuche seines Hundes, aktive Unterwerfung zu zeigen, nicht zu. Also wird der Hund noch deutlicher in seinem Verhalten und seinem Bemühen seine »Botschaft« zu übermitteln. Und auch Herrchen wird noch deutlicher. Ein Teufelskreis entsteht!

Sicherlich wäre es für beide Seiten sinnvoll, eine Möglichkeit zu finden, die allen Beteiligten gerecht wird. Beispielsweise könnte man dem Hund beibringen, dass das Lecken im Gesicht nicht erwünscht ist, ihm aber die Gelegenheit geben, an der Hand zu lecken. Auf diese Weise wird die

Je nach Temperament kann eine Begrüßung mehr oder weniger stürmisch ausfallen.

Aktive Demut bei der Begrüßung.

Kleidung des Menschen geschont und der Hund kann die für ihn wichtigen Verhaltenselemente der »aktiven Unterwerfung« zeigen.

Unterwürfige Begrüßung oder »schlechtes Gewissen«?

Versetzen wir uns noch einmal in den Hund, der gegenüber seinem Besitzer aktive Unterwerfung während der Begrüßung zeigt und dafür weggeschubst oder ausgeschimpft wird. Der Besitzer reagiert also mit einem Verhalten, das der Hund als »gegen ihn gerichtete Maßnahme« empfindet. Eine mögliche Reaktion, in diesem Fall wäre die »passive Demut«, ein Komplex von Verhaltenselementen, die gezeigt werden, um ein bedrohliches Gegenüber, zum Beispiel den unwirsch reagierenden Besitzer, zu besänftigenden und die

Kein schlechtes Gewissen

Der Hund hat kein schlechtes Gewissen, weil er seinen Besitzer verbotenerweise angesprungen hat, sondern reagiert nur auf dessen Verhalten.

Der Hund wird von seiner Besitzerin ausgeschimpft und reagiert auf deren Körpersprache mit »passiver Demut«.

(Konflikt)Situation zu entspannen. Das Ausdrucksverhalten bei der »passiven Demut« ähnelt nun dem, was wir Menschen als »schlechtes Gewissen« bezeichnen. Aber der Hintergrund für das Zeigen des entsprechenden Verhaltens ist ein ganz anderer!

Verständigung im Training

Sprachen lernen

Einen Hund zu erziehen bedeutet immer auch, mit dem Hund zu kommunizieren. Durch Lernerfahrungen können Signale, die zunächst keine Bedeutung für den Empfänger haben, einen Informationswert bekommen. Ob dieser Informationswert und die daraus resultierende Reaktion des Empfängers, mit dem übereinstimmt, was der Sender beabsichtigt hat, hängt davon ab, ob beide tatsächlich »die gleiche Sprache sprechen«. Im Fall von Hund und Mensch müssen beide lernen, die »Sprache« des anderen zu verstehen. Der Hund muss lernen, was ein bestimmtes Signal bedeutet und der Mensch muss lernen, das Verhalten des Hundes und dessen Signale (das Ausdrucksverhalten) richtig zu interpretieren – sonst kann bei der Erziehung einiges schief laufen. In diesem Zusammenhang ist der Einfluss von unbewusster Kommunikation (des Menschen) auf die Trainingssituation besonders hervorzuheben.

Der Hund reagiert auf die Signale seiner Besitzerin – Training ist Kommunikation.

Unzureichend trainierte oder unklare Signale

Wenn wir von einem Hund erwarten, auf ein bestimmtes Signal hin (z.B. »Sitz«) ein bestimmtes Verhalten zu zeigen (z.B. »Hinsetzen«), müssen wir ihm klar machen, was das Wort »Sitz« bedeutet.

Man beginnt damit, dass man ihm ein Leckerli über den Kopf hält (= Handsignal). Der Hund fixiert das Leckerli mit den Augen und setzt sich dabei zwangsläufig hin. Dafür bekommt er das Leckerli. Er lernt, dass es sich in dieser Situation lohnt, sich auf den Boden zu setzen und setzt sich das nächste Mal schneller hin. Während der Hund sich hinsetzt, sagt man das Wort »Sitz« und führt so ein akustisches Signal ein. Diese Trainingssituation besteht oberflächlich betrachtet aus einem Handzeichen und einem akustischen Signal für das Verhalten »Sich Hinsetzen«. Der Hund nimmt aber in diesem Moment auch noch andere Signale aus seiner Umgebung wahr: ein Sofa in der Ecke, ein Fenster, eine weitere Person im Raum, Geräusche aus dem Radio, etc. Auch diese Dinge bestimmen die Situation und gehören zu Beginn des Trainings für den Hund zu den Signalen für das Verhalten »Hinsetzen« dazu.

Was im Wohnzimmer klappt, muss bei Ablenkung auf der Wiese erst gelernt werden.

Geht man nun zum Üben auf eine Wiese, ist das für den Hund eine völlig andere Situation: manche Dinge fehlen (z.B. das Sofa und das Fenster), andere kommen neu hinzu (z.B. Passanten, andere Hunde, Vogelgezwitscher). Man muss nun fast von vorne anfangen, um ihm die Gelegenheit zu geben, die eigentlichen Signale für das »Sitz« (Handzeichen und/oder Wort) herauszufiltern. Ein Hund, der im Wohnzimmer perfekt »Sitz« macht, kann das auf der Wiese noch lange nicht. Dabei ist er nicht ungehorsam, er muss die Übung auf der Wiese oder an anderen Orten nur erst lernen.

Verknüpfung von Signalen

Es werden Dinge, die in einem sehr engen zeitlichen Abstand – also fast gleichzeitig – geschehen, miteinander verknüpft. Wenn ein Hund das Rückruf-Signal »Komm« erlernen soll, ruft man zunächst das Signal immer dann, wenn der Hund sowieso auf einen zugelaufen kommt. Der Hund verknüpft das Wort »Komm« und das Hinlaufen zum Besitzer nach einigen Wiederholungen miteinander.

1.000 Wiederholungen

Erst nach mehreren tausend (!!!) Wiederholungen ist die Verknüpfung so stark, dass das Wort »Komm« beim Hund das dazugehörige Verhalten »Hinlaufen zum Besitzer« in einer Vielzahl an Situationen und unter vielen möglichen Ablenkungen auslöst.

Falsches Timing

Häufig sind Hundebesitzer ungeduldig und glauben nach kurzem Üben, der Hund wisse schon in jeder Situation, was das Wort »Komm« bedeutet. Das Kommando wird dann oft in dem Moment gerufen, in dem der Hund von seinem Besitzer wegläuft. Auch das Weglaufen von seinem Besitzer verknüpft der Hund dann aber mit dem Wort »Komm« – beides geschieht ja gleichzeitig. Wenn so etwas häufiger passiert, verliert das Wort »Komm« für den Hund immer mehr die Bedeutung »Hinlaufen zum Besitzer«. Und in ganz extremen Fällen bekommt es dafür die Bedeutung »Weglaufen vom Besitzer«. Man sollte beim Auftrainieren eines Signals also immer darauf achten, dass das Signal tatsächlich eng mit dem gewünschten Verhalten verknüpft wird. Bei der Wortwahl eines Signals ist es deshalb auch wichtig, darauf zu achten, kein Wort auszuwählen, das häufig »nebenbei« benutzt wird (»komm, stell Dich nicht so an« oder »komm, hör damit auf«).

Unbewusste Kommunikation beim Training

Beim Training konzentrieren wir uns oft sehr stark auf den Hund und sein Verhalten. Dabei vergessen Menschen oft, dass sie durch ihr eigenes Verhalten, besonders die Körpersprache, ständig mit dem Hund kommunizieren und dass es durch diese unbewusste Kommunikation zu Missverständnissen kommen kann. Ein schönes Beispiel ist ein Ereignis

Anfangs ruft man nur wenn der Hund kommt, damit er eine Verknüpfung zum Wort »Komm« herstellen kann.

Wenn der Hund belohnt wird, lernt er noch schneller.

während eines Hundekurses: Die Hunde und ihre Besitzer üben auf einer Wiese den Rückruf. Die Hunde sitzen in einiger Entfernung von ihren Besitzern und damit sie nicht weglaufen können, sind sie an einer langen Leine. Wenn ein Besitzer seinen Hund ruft, wickelt er gleichzeitig die Leine auf, damit sich der Hund nicht darin verfängt. Nach einiger Zeit wird ohne Leine geübt und alle Hunde kommen auf den Rückruf – bis auf einen. Dieser Hund guckt abwartend zu seinem Besitzer, setzt sich aber gar nicht in Bewegung. Erst als der Besitzer so tut, als würde er mit den Händen die Leine aufwickeln, kommt der Hund angelaufen. Der Hund hat den Rückruf prima gelernt, hat aber nicht das verbale Signal »Komm«, sondern das Signal, das sein Besitzer mit den Händen gibt, mit dem »Hinlaufen zum Besitzer« verknüpft.

Beschwichtigung

Der Rückruf ist auch ein schönes Beispiel für ein anderes Problem, das durch unbewusste Kommunikation (des Menschen) hervorgerufen wird: Ein Hundebesitzer ruft seinen Hund und der gehorcht nicht. Also ruft der Besitzer noch einmal, diesmal lauter und geht ein Stück vor oder beugt sich vor. Der Hund guckt, kommt aber nicht ganz zu seinem Besitzer heran. Er läuft um seinen Besitzer herum und zeigt Ansätze von Spielverhalten. Der Besitzer denkt nun, sein Hund führe ihn an der Nase herum. Aus »Hundesicht« gibt es dafür eine Erklärung, die in dem Verhalten des Besitzers liegt. Der Hund ist beim ersten Rufen nicht gekommen, weil er sehr abgelenkt war und der Rückruf in dieser Situation noch nicht ausreichend geübt wurde. Wenn der Hund auf das zweite laute Rufen zumindest mit Umgucken reagiert, sieht er seinen Besitzer, der ihm mit seiner Körpersprache bedrohlich erscheint. Dadurch ist der Hund verunsichert und entscheidet, dass es im Moment nicht angeraten ist, sich weiter anzunähern. Das gezeigte Spielverhalten soll Herrchens (aus »Hundesicht«) aggressives Verhalten beschwichtigen.

Druck im Training

Wenn man während des Trainings unbewusst oder bewusst Druck auf den Hund ausübt, kann ihn das verunsichern und zu Stress führen. Bei Stress laufen im Gehirn verschiedene Vorgänge ab, die den eigentlichen Lernvorgang behindern oder sogar ganz verhindern können.

Druck durch unbewusste Kommunikation

Ein Beispiel dafür, wie Menschen durch unbewusste Kommunikation Druck auf ihren Hund ausüben können, haben wir am Beispiel Rückruf bereits besprochen. Auch in anderen Trainingssituationen könnte sich ein Hund durch die unbewusste Körpersprache seines Besitzers »unter Druck gesetzt« und verunsichert fühlen. Daher sollte man beim Training darauf achten, wie sich der Hund verhält, wenn man ihm beispielsweise direkt in die Augen schaut, sich nach vorne beugt oder die Hand hebt. Reagiert ein Hund dann unsicher, ist es sinnvoll, die eigene Körperhaltung zu verändern, sich zum Beispiel beim Üben des Rückrufes zunächst Hinzuhocken und sich dann langsam »Hocharbeiten«.

»Platz«-Übung mit Druck – die Körpersprache des Menschen und der Zug am Halsband verunsichern den Hund und führen zu Stress.

„Platz"-Übung ohne Druck – ein entspannter Hund lernt besser.

Rangordnung und Gehorsam

Häufig reagieren Besitzer ungehalten, wenn ein Hund nicht gehorcht. Hierfür kann es verschiedene Gründe geben: Der Hund hat die Bedeutung des Signals noch nicht verstanden (gelernt), das Signal wurde in der entsprechenden Situation noch nicht ausreichend geübt oder die Ablenkung war einfach zu groß. Oder der Besitzer drückt sich auf der sozialen Ebene missverständlich aus und verunsichert dadurch seinen Hund.

Ungehorsam

Dieser wird heute noch von vielen Hundebesitzern und einigen Trainern als ein »Rangordnungsproblem« angesehen und es wird dann geraten, dass der »dominante« Hund mal deutlich in seine Schranken verwiesen und für seinen Ungehorsam bestraft werden muss.

Zusammenhang zwischen Ungehorsam und Rangordnung?

Es ist ein Missverständnis anzunehmen, dass zwischen Ungehorsam und Rangordnung ein direkter Zusammen-

Dieser Hund ist aufmerksam – über die bestehende Rangkonstellation sagt das allein aber nichts aus.

Die Aufmerksamkeit des (ranghöheren) Besitzers kann für den (rangniedrigeren) Hund eine wichtige Belohnung beim Training sein.

hang besteht. Ein Hund, der ein bestimmtes Kommando nicht befolgt, tut das aus verschiedensten Gründen, aber in den aller seltensten Fällen, weil er ranghöher als sein Besitzer ist. Folglich ist »Unterwerfen« auch nicht die Lösung für das Problem. Vielmehr wäre es sinnvoll, sich die Situation, in der der Hund nicht gehorcht, einmal genau zu betrachten und zu überlegen, wo das Problem liegen könnte. Hat der Hund das Signal wirklich verstanden? Wurde das Kommando in dieser Situation schon ausreichend geübt? Sendet der Besitzer unbewusst missverständliche Signale aus (z.B. Wort »Sitz« und gleichzeitig das Handzeichen, was für den Hund »Platz« bedeutet)? Drückt die Körpersprache des Besitzers Ärger aus und der Hund befolgt den Rückruf nicht, weil er in diesem Moment ängstlich auf seinen Besitzer reagiert?
Die Rangordnung spielt bei der Erziehung nur insofern eine Rolle, als dass ein rangniederer Hund gegenüber seinem ranghöheren Besitzer aufmerksamer ist und die Belohnung (Streicheln, Leckerli, etc.) mehr »schätzt«, als ein ranghöherer Hund, der über diese Ressourcen sowieso frei verfügen kann.

Angst und Aggression

Ein weiterer Problemkomplex im Zusammenleben von Hund und Mensch ist das Zeigen von Angst und aggressivem Verhalten. Beides hängt eng miteinander zusammen. Ein Tier kann in bedrohlichen Situationen fliehen, erstarren, angreifen oder versuchen zu kommunizieren.
Für welche »Strategie« sich ein bestimmtes Tier entscheidet, hängt immer von verschiedenen Umständen ab: von der jeweiligen Situation, eventuellen Erfahrungen in ähnlichen Situationen, der Reaktion des Gegenübers etc. Und es ist zu jeder Zeit möglich, dass ein Tier von einem Verhalten (zum Beispiel Flucht) zu einem anderen Verhalten (zum Beispiel Angriff) wechselt, wenn es der Auffassung ist, dass das zuerst gezeigte Verhalten keinen Erfolg bringt. Wenn ein Hund Angst vor einem Menschen hat und nicht davonlaufen kann (zum Beispiel weil er angeleint ist), wird er eventuell entscheiden, den Abstand zum Menschen auf andere Art zu vergrößern: er wird aggressives Verhalten, zum Beispiel in Form von Drohverhalten, zeigen, um den ihn ängstigenden Menschen auf Abstand zu halten.

Ein „Umwelt-sicherer" Hund.

Stress oder Angst sind daher häufige Ursachen für das Zeigen aggressiver Verhaltensweisen.

Warum reagiert ein Hund ängstlich?

Angst ist ein negativer Gefühlszustand, der in scheinbar oder tatsächlich bedrohlichen Situationen eintritt. Angstverhalten gehört zum normalen Verhaltensrepertoire. Aber manche Hunde reagieren ängstlicher auf Menschen bzw. auf bestimmte Menschen als andere Hunde.

In der Sozialisationsphase werden dafür schon die Wege gebahnt. In dieser Phase »eicht« der Hund ein Referenzsystem für sein ganzes späteres Leben. Alles, was er in dieser Zeit kennen lernt, wird als zumeist ungefährlich, Artgenosse oder befreundete Spezies abgespeichert. Ein Hund, der keine oder nur wenig Stimulation in seiner Welpenzeit hatte und vielleicht auch schon mit einem eher ängstlichen Grundcharakter auf die Welt gekommen ist, kann unter Umständen Situationen als bedrohlich empfinden, die eigentlich »alltäglich« sein sollten. Um ein normales, artgerechtes Sozialverhalten zu entwickeln, benötigt der Welpe in der Sozialisationsphase entsprechende Umweltsignale. Dazu gehören neben den Dingen des alltäglichen Lebens (verschiedene Großstadtgeräusche und -gerüche, unterschiedliche Hunde etc.) auch das Kennenlernen unterschiedlicher »Menschen-Typen«: zum Beispiel Männer, Frauen und Kinder, alte und gebrechliche Menschen, Menschen mit unterschiedlicher Hautfarbe.

Wichtige Kontakte

Es kommt bei der Sozialisation mehr darauf an, dass Kontakte zu anderen Menschen oder Hunden möglich sind – erst sekundär ist die Qualität der Kontakte wichtig. Bei Hunden, die Angst vor einem bestimmten Typus Mensch haben, vermuten viele Besitzer, dass ein Mensch dieses Typus den Hund früher einmal geschlagen oder anderweitig geärgert/gequält haben muss. Dies ist fast nie so. Eher ist es so gelaufen, dass der Hund diesen Typus Mensch in seiner Sozialisationsphase nicht kennen lernen konnte und darum als älterer Hund Angst davor hat.

Ängstliches Verhalten

Dies kann vom Besitzer verstärkt werden. Als Verstärkung (Belohnung) empfindet ein Hund beispielsweise »beruhigende Worte« in einer Krisensituation. Der Hund versteht den Inhalt ja nicht. Wenn ein Hund beim Tierarzt sehr ängstlich ist und sein Besitzer ihm mit tröstenden Worten gut zuredet und ihn zur »Ablenkung« auch noch streichelt, lernt der Hund zwei Dinge: Erstens findet Frauchen (oder Herrchen) es gut, wenn ich vor Angst zittere, denn sie lobt und streichelt mich dafür und zweitens reagiert auch Frauchen in dieser Situation anders als sonst, also muss an der komischen Sache etwas dran sein und es ist richtig, dass ich mich so aufrege. Man will dem Hund also eine bestimmte Sache beibringen (»Du brauchst keine Angst zu haben«) – und der Hund lernt durch das belohnende Verhalten des Besitzers (»Du bekommst Aufmerksamkeit, wenn Du Angst hast«) genau das Gegenteil. Ein echtes Kommunikationsproblem! Weil »Angst haben« belohnt wurde, ist es sogar möglich, dass der Hund beim nächsten Tierarztbesuch noch schneller und deutlicher ängstlich reagiert. Der Hund reagiert dabei nicht bewusst, er »schauspielert« nicht, sondern empfindet tatsächlich Angst. Man kann den Faden sogar noch weiterspinnen. Eine mögliche Reaktion bei Angst ist aggressives Verhalten (den Tierarzt anknurren oder nach ihm schnappen). Der Tierarzt zieht wahrscheinlich die Hand schnell zurück – und wieder wird das Verhalten des Hundes belohnt – diesmal zusätzlich zur Angst auch noch das Knurren oder Schnappen. Nun muss der Hund bei der Behandlung stärker festgehalten werden; er empfindet noch mehr Angst und seine Bereitschaft, aggressives Verhalten zu zeigen, wird aufgrund bisheriger Lernerfahrungen und mangels anderer Möglichkeiten weiter erhöht. Das eben Gesagte soll natürlich keine Anleitung dafür sein, die Hand nicht zurückzuziehen, in der Ernstfallsituation soll jeder Schaden vermieden werden. Man sollte nur dann aus dem Verhalten des Hundes die richtigen Schlüsse ziehen.

Angstabbau

Um aus diesem Teufelskreis wieder herauszukommen, ist ein entsprechendes Verhaltenstraining nötig, bei dem der Hund und vor allem der Besitzer lernen muss, dass nicht Angst oder aggressives Verhalten belohnt wird, sondern nur

Dieser Hund guckt angespannt in Richtung Skateboardfahrer ...

entspanntes Verhalten. Natürlich ist es viel sinnvoller und vor allem angenehmer für den Hund, wenn er von Anfang an lernt, dass ein Tierarztbesuch auch seine guten Seiten hat. Man kann schon mit einem Welpen üben, dass es für Entspannung und Stillhalten eine Belohnung gibt. Und der

...und folgt dann unsicher seiner Besitzerin. – Ohne Leine würde er wahrscheinlich ausweichen.

Hund kann lernen, dass nicht jeder Tierarztbesuch unangenehm ist – manchmal gibt es auf dem Behandlungstisch nur ein Leckerli und dann darf man wieder gehen! Wenn es wirklich einmal unangenehm beim Tierarzt ist, sollte man sich als Besitzer möglichst neutral verhalten.

Abstand halten

Individualdistanz

Ein weiteres Beispiel soll noch einmal verdeutlichen, wie eng Angst und aggressives Verhalten zusammenhängen. In einer als bedrohlich empfundenen Situation kann aggressives Verhalten (Drohverhalten, z.B. Bellen, Knurren) dazu dienen, die Bedrohung auf Abstand zu halten. Wird der Abstand trotzdem aktiv durch den »Bedrohenden« verringert, kann Angriffsverhalten gezeigt werden. Ein alltägliches Beispiel hierfür könnte ein Hund sein, der angebunden vor einem Geschäft steht und (nach Meinung vorbeikommender Menschen) recht unglücklich dreinschaut. Vielleicht ist der Hund auch wirklich »unglücklich« – sein Besitzer hat ihn allein gelassen und das ängstigt den Hund, weil er es nicht gewöhnt ist, und der Verkehrslärm und die Passanten beunruhigen ihn zusätzlich. Ein Mensch, der jetzt stehen bleibt und den Hund durch Ansprechen beruhigen will,

Der Hund reagiert auf den Menschen unsicher.

Je näher der Mensch kommt, desto mehr fühlt sich der Hund bedroht.

erreicht in dieser Situation meist das Gegenteil. Der Hund fühlt sich bedroht und weicht zurück. Der Passant geht einen Schritt näher und beugt sich vor. Nun bellt der Hund und vielleicht knurrt er auch. Der Hund möchte damit erreichen, dass der Mensch den Abstand beibehält oder sogar vergrößert. Häufig beugt sich der »freundliche« Mensch jetzt noch weiter vor und streckt dem Hund die Hand entgegen, um seine »guten Absichten« stärker zu verdeutlichen.

Für den Hund bedeutet das, dass er mit seinem bisherigen Verhalten nichts erreicht hat, er muss also deutlicher werden – und er schnappt nach der Hand. Der Mensch, dem die Hand gehört, ist entrüstet: Der böse Hund, dabei wollte man ihn doch nur trösten! Das sind zwei völlig verschiedene Ansichten derselben Situation.

Dieser Hund zeigt viele Elemente der „passiven Demut" als Reaktion auf die für ihn als bedrohlich empfundene Annäherung des Menschen.

Passive Demut: z. B. Ohren leicht zurückgelegt, Schnauze lecken, Vorderkörper niedrig gestellt, Gewicht auf die hintere Körperhälfte gelegt, Hinterläufe leicht eingeknickt.

Lernen am Erfolg

Häufig lernt ein unsicherer oder ängstlicher Hund, dass er eine bedrohliche Situation beenden kann, wenn er seine Angst mit einem offensiven Display überspielt. Er lernt, dass man ihm aus dem Wege geht, wenn er aggressives Verhalten zeigt. Auch das lässt sich auf die Situation des angebundenen Hundes vor dem Geschäft übertragen: Macht der Hund häufig die Erfahrung, dass Menschen nicht auf sein Zurückweichen reagieren und sich weiter annähern, reagiert er von vorneherein mit deutlichem Drohverhalten (Bellen oder Knurren) gegenüber vorübergehenden Menschen. Macht er nun wiederum häufig die Erfahrung, dass sich Menschen trotz seines Drohens weiter annähern, sich aber sehr schnell und zügig entfernen, wenn er schnappt, wird er immer weniger drohen, sondern immer eher bereit sein, zu schnappen. Lernen am Erfolg findet statt und der Hund ist immer schneller dazu bereit, das für ihn »erfolgreiche Verhalten« zu zeigen. Auch wenn das Zeigen von Drohverhalten, das ja eine Warnung darstellt, durch Eingreifen (der Besitzer kommt aus dem Geschäft und bestraft seinen Hund für das Bellen und Knurren) unterbunden wird, kann

Der Hund ist so weit zurückgewichen, wie es die Leine zulässt. Bei weiterer Annäherung des Menschen könnte er Drohverhalten (Bellen oder Knurren) zeigen.

es beim nächsten Mal scheinbar ganz unvermittelt zu aggressivem Verhalten (zum Beispiel Schnappen) kommen. Durch die Bestrafung lernt der Hund, dass das Zeigen von Drohverhalten nicht erwünscht ist, aber das ändert nichts

Nimmt der Mensch die bedrohlich wirkende Hand zurück, entspannt sich der Hund etwas.

Wendet der Mensch den Blick vom Hund ab, traut sich dieser etwas näher und nimmt sogar ein Leckerli.

an seinem emotionalen Zustand der Angst. In unserem Beispiel würde der Passant denken, dass der Hund »einfach so« in die ausgestreckte Hand gebissen hätte.

Erste Anzeichen erkennen

In vielen Fällen übersehen Menschen die dezenten Anzeichen im Ausdrucksverhalten des Hundes oder können sie nicht richtig deuten. Ein Hund kann mit dem Menschen nur im Rahmen seiner genetisch festgelegten und später erlernten Möglichkeiten kommunizieren – und er geht davon aus, dass wir Menschen »seine« Sprache verstehen. Im Kasten »Verhalten Mensch – Hund« werden noch einmal Verhaltensweisen von Menschen (oder auch von einem anderen Hund) aufgezählt, die von Hunden als bedrohlich empfunden werden können.

Umarmen – für den Mensch eine Liebesbekundung, der Hund kann es als »Pfote auflegen« deuten.

rhalten Mensch – Hund

enschenverhalten	Hundeverhalten
Dem Hund direkt in die Augen sehen	▶ Direkter Blickkontakt = Drohfixieren
Von vorne über den Hund beugen, Hand dem Hund (Kopf) entgegenstrecken	▶ Frontale Annäherung, Einschränken der Bewegungsfreiheit
Dem Hund auf den Oberkopf fassen	▶ Kopf- oder Pfotenauflegen
Dem Hund auf den Rücken fassen	▶ Kopf- oder Pfoteauflegen
Dem Hund in den Flankenbereich fassen	▶ Aufreiten

Adressen und Bücher

Nützliche Adressen

Verband für das Deutsche Hundewesen (VDH)
Westfalendamm 174
D-44141 Dortmund
www.vdh.de

Schweizerische Kynologische Gesellschaft (SKG)
Postfach 8276
CH-3001 Bern
www.hundeweb.org

Österreichischer Kynologenverband (ÖKV)
Johann-Teufel-Gasse 8
A-1230 Wien
www.oekv.at

Zum Weiterlesen

Abrantes, Roger: Hundeverhalten von A-Z. Mimik und Körpersprache, Verhalten und Verständigung, Lautäußerungen und Kommunikation. Kosmos, Stuttgart 2005.

Bailey, Gwen: Was denkt mein Hund? Hundeverhalten auf einen Blick. Kosmos, Stuttgart 2005.

Coren, Stanley: Die Geheimnisse der Hundesprache. So lernen Sie Ihren Hund verstehen und mit ihm zu kommunizieren. Kosmos, Stuttgart 2002.

Coren, Stanley: Wie Hunde denken und fühlen. Die Welt aus Hundesicht: so lernen und kommunizieren Hunde. Kosmos, Stuttgart 2005.

Feddersen-Petersen, Dr. Dorit: Hundepsychologie. Sozialverhalten und Wesen, Emotionen und Individualität. Kosmos, Stuttgart 2004.

Jones, Renate: Aggressiver Hund - Was tun? Kosmos, Stuttgart 2005.

Nijboer, Jan: Hunde verstehen mit Jan Nijboer. Kosmos, Stuttgart 2004.

Schöning, Dr. Barbara: Hundeprobleme erkennen und lösen. Kosmos, Stuttgart 2005.

Schöning, Dr. Barbara: Hundeverhalten. Verhalten und Körpersprache verstehen; Welpenentwicklung optimal fördern; Probleme vermeiden. Kosmos, Stuttgart 2001.

Zwei, die sich gut verstehen.

Register

Bildnachweis und Impressum

Farbfotos von Reinhard Tierfoto/H. Reinhard (1; S. 19), K. Röhrs (2, S. 22, 23), C. Salata/Kosmos (9; S. 3, 6, 7 beide, 14, 15 beide, 45 beide), B. Schöning (7: S. 9 beide., 10, 11, 28, 29 beide), A. Sikora (4; 24 beide, 25 beide), J. Sydow alle weiteren 45 Fotos, V. Theby/Kosmos (4; S. 31 beide, 34 beide), K.-H. Widmann (2; S. 18, 27) und K.-H. Widmann/Kosmos (2; S. 16, 58).

KOSMOS Postfach 10 60 11
D-70049 Stuttgart
TELEFON +49 (0)711-2191-0
FAX +49 (0)711-2191-422
WEB www.kosmos.de
E-MAIL info@kosmos.de

Alle Angaben in diesem Buch erfolgen nach bestem Wissen und Gewissen. Sorgfalt bei der Umsetzung ist indes dennoch geboten. Der Verlag und die Autorinnen übernehmen keinerlei Haftung für Personen-, Sach- oder Vermögensschäden, die aus der Anwendung der vorgestellten Materialien und Methoden entstehen könnten.

Umschlag von eStudio Calamar unter Verwendung von einem Farbfoto von Junior/Juniors Tierbild.

Mit 76 Farbfotos.

Bibliografische Information Der Deutschen Bibliothek
Die Deutsche Bibliothek verzeichnet diese Publikation in der Deutschen Nationalbibliografie; detaillierte bibliografische Daten sind im Internet über http://dnb.ddb.de abrufbar.

Gedruckt auf chlorfrei gebleichtem Papier

ISBN 13: 978-3-440-10508-5
ISBN 10: 3-440-10508-3
Redaktion: Alice Rieger
Gestaltungskonzept: eStudio Calamar
Produktion: Kirstin Raue / Markus Schärtlein
Printed in the Czech Republic / Imprimé en République Tchèque